POR QUÉ
KEANU REEVES
ESTÁ SOLO

Y POR QUÉ EL MUNDO SIGUE ASÍ

SONÁMBULOS
——— EDICIONES ———

Por qué Keanu Reeves está solo. Y por qué el mundo sigue así
Colección MACASAR

Primera edición: octubre de 2025

Título original: Why Keanu Reeves is Lonely
(And why the world goes on as it does)
© 2021, Milflores Publishing, Inc.

Este libro ha contado con la ayuda a la edición de PhlGoH2025
National Book Development Board of The Philippines (NBDB)
National Comission for Culture and the Arts (NCCA)
Department of Foreign Affairs (DFA)
Office of Senate President Pro Tempore Loren Legarda

© De los poemas ¬ Simeon Dumdum Jr
© Traducción ¬ Lawrence Schimel
© Edición literaria ¬ Javier Bozalongo
© Fotografía de portada ¬ Lola Maleno
© Diseño de la colección ¬ Daniel Fajardo
© SONÁMBULOS Ediciones

www.sonambulosediciones.com

ISBN: 979-13-990261-3-9
Depósito legal: GR 1252-2025

Impreso en España

POR QUÉ KEANU REEVES ESTÁ SOLO

Y POR QUÉ EL MUNDO SIGUE ASÍ

SIMEON **DUMDUM JR.**

UN GHAZAL PARA OCTUBRE

Los vientos comienzan a soplar en este momento del año
y las sombras se alargan en este momento del año

En algún lugar ulula un búho, pero las
                estrellas siguen su curso,
girando tal cuadro de Van Gogh, en este momento del año

¿Quién arrancó el calendario de la pared
para hacer que el tiempo no aparezca
                en este momento del año?

Dos hojas cayéndose se juntan y se separan
tal y como deben de hacer en este momento del año

Ojalá parase tu carruaje para mí
viajando de rápido a lento en este momento del año

Hay tanto para olvidar y perder, Simeon,
tanto para ganar y saber en este momento del año.

ENTRE LOS QUE MURIERON DURANTE EL BOMBARDEO DE UN CATEDRAL EN JOLO HABÍA UNA ARAÑA

Era también su día de descanso,
aunque, aparte de tejer su telaraña
(un proceso largo y laborioso)
una araña no hace nada más que esperar—
siempre alguna mosca se extravía hacia su muerte
en cualquier caso. ¿Y la de la araña, hmm?
La muerte podría ser muy inesperada.
¿Quién podría imaginar que, durante la misa,
una bomba explotaría dentro de la iglesia
y la tiraría al suelo y rompería la telaraña
en jirones? En el suelo, en un charco de sangre,
retorciéndose a toda costa entre brazos y piernas
rasgados, la araña sintió el pisar del pie
de la mujer que corría gritando hacia la puerta,
y se encontró convertida en nada.
Pero, antes de perder el último aliento, miró
hacia el altar, a algo que sus días
en la catedral habían hecho tan familiar como un amigo,
una figura extendida como una araña en medio
de una telaraña de madera con forma de la letra T.

MIÉRCOLES DE CENIZA

¿Señor, estás jugando conmigo
mientras estoy de pie, un centinela vendado,
mientas sigilosamente eliminas los objetos que
    durante tanto tiempo he valorado?

Siete veces pensé que casi te había pillado
y quizás escuché lo que podrían haber sido tus palabras,
que interpreté como solo el viento y no el
    rumor de tu aliento.

Señor, quítame la ceguera para que ahora sepa
que la mano vil que me roba no es tuya
sino la del tiempo, que también es mía, a la
    que ahora renunciaré—

Levántame, Señor, y sálvame porque soy
    nada más que polvo,
pongo mi nada a animarse en tus manos,
y, como ciego, permite que mi mano robe
    tu misericordia sin fin.

EN LOS MUSEOS VATICANOS

Seguíamos paseando cogidos de la mano
por los Museos Vaticanos
después de escuchar que un amigo
había perdido a su mujer entre la multitud.
Comenzando con el Pío-Clementino
fue de nuevo como nuestros días de noviazgo.
¿Cómo nos vieron allí de pie delante de
Laoconte y sus hijos, que intentaban
en vano mantener alejadas a las serpientes,
su mano en la mía un ofidio dócil?
La muchedumbre nos veía como lo opuesto
de angustiados mientras por las galerías
paseábamos mi mano agarrando la suya —
El candelabro, los tapices,
La Galería de Mapas, donde nos movimos
desde la Italia antigua a la moderna
sin jamás soltarnos.
Nos mantuvimos así durante todo el recorrido,
salvo una vez, cuando ella sacó una instantánea
de mí delante de un Caravaggio,
el Santo Entierro (¿significará
que solo la muerte nos puede separar?).
De allí a las salas de Rafael
y por fin a la Capilla Sixtina
donde nos preparábamos para soltarnos

hasta que levantamos nuestras miradas
a la Creación de Miguel Ángel
y vimos que hasta Dios y Adán también
se agarraban de la mano.

CAMP LOOKOUT

Como siempre, aquí en este momento,
mirando colina abajo y más allá del pino,
recojo lo que queda de la distancia mientras me esquiva.

La verdad es que hay un océano cerca,
ondulando lentamente por mis pensamientos,
y, si puedo añadir, complementando muy
          bien todas las imágenes—

barquitos a la deriva en un arroyo de pensamientos al azar,
hojitas que saltan con el viento encima de
          los peldaños rocosos,
buscando los perdidos y los dispersos para
          devolverlos a su hogar verdadero.

ATRAVESANDO UN ARCOÍRIS

Sacó esta foto un piloto
mientras su avión atravesaba un arcoíris.
Debe de haber hecho los cálculos
para asegurarse de estar exactamente
dentro del arco de luz
cuando apretara el botón de la cámara de su móvil,
y lo que ahora nos muestra
es el cielo convirtiéndose en un mar
cuyas olas son rojas, naranjas,
amarillas, azules, índigos y violetas,
las orillas rompiéndose en un archipiélago
de nubes.

Imagina la dicha del piloto
atravesando ese arcoíris.
Debe de haber sido como montar
en los dedos de Mozart mientras tocaba
una sonata de piano, o fundirse
con la pintura en el pincel de Leonardo
mientras remata
los labios de la Gioconda,
O —según la estética del piloto
o si prefieres su espiritualidad—
siendo polizón en la punta dorada
de la lanza del querubín mientras hiere
el corazón de Teresa durante sus plegarias.

Si fuese alegría y no
frustración, porque la belleza es misteriosa.
A la vez está y no está allá,
todo incertidumbre, nada palpable,
casi una cuestión de fe,
solo una opinión, un asunto.
(¿Existe de verdad el arcoíris
o es tan solo luz atrapada por la niebla?)
Pero el gozo, que no cuestiono,
por ejemplo, durante una lluvia de estrellas,
lo vi ardiendo en sus ojos
y me dijo: no,
no puedo solo dejar que ella pida un deseo,
necesito atravesarlo y hacer que mi deseo
cabalgue en el suyo.

PARA SIMONE

(15 Noviembre 1978 - 25 Mayo 1997)

Antes, Simone, mayo era el mes más cruel,
pero ya se ha hecho todo tuyo y con el paso
del tiempo ahora hay un parecido entre el cielo y él.
Con palabras de cinabrio habla nuestro ocaso
mientras se convierte en noche, y allá donde estás
la oscuridad no se encuentra, solo hay alba nada más,
y en ese país nadie se muere jamás.

GRETA THUNBERG SE DIRIGE A
LAS NACIONES UNIDAS

No puedo permitirme hablar mientras la gente muere,
mis palabras serán todas como Griego
           mientras la gente muere

¿Cuando acabará, este fracaso en aceptar la responsabilidad,
este juego del escondite mientras la gente muere?

En lugar de respuestas honestas, buscáis
una playa en Martinica mientras la gente muere.

Marcáis con una equis la Creación en vuestras
           mesas de dibujo,
donde desplegáis vuestra avaricia mientras la gente muere.

Las mañanas siguen llegando, las noches aún están llenas
de amantes mejilla con mejilla mientras la gente muere.

Pero habéis dañado los océanos y los cielos,
cómo os atrevéis a vivir una semana más
           mientras la gente muere.

Puede que yo, Greta, no sea más que una alumna sueca,
pero no debo de permanecer débil mientras la gente muere.

COMO QUIERO QUE PICASSO ME ESBOCE

Así es como Pablo Picasso
dibujó a Ella Fitzgerald.
Sus senos como las olas de Hokusai,
su pelo un racimo de uvas.
Inclina hacia arriba la cabeza
como hacen las cantantes
cuando atacan una nota alta.
Y la canción que sale de su boca
es como una nube de algodón.
Así es ella —pour Ella Fitzgerald,
Son ami, firmado, Picasso.

Así es como quiero que Picasso
me dibuje a mí, el pecho plano, como el escudo
de Aquiles pero sin motivo,
un gorro plano en la cabeza,
con los ojos levantados pero con las gafas puestas,
los labios abiertos levemente,
una burbuja de pensamiento encima de mí
como una nube de lluvia creciente,
y si no puede hacer el dibujo
(porque está muerto, ni mucho menos),
puedo hacerlo yo mismo perfectamente.
En el cole esbozaba
como ese dibujo que hizo de Ella,
pero se me da fatal falsificar las firmas
y no sé hablar francés.

EN SAMARKANDA

(Para Cesar Ruiz Aquino)

Podríamos habernos conocido un día en Samarkanda,
porque uno se pierde el camino en Samarkanda.

Hubo una taberna donde pasé el tiempo,
las horas de sombra tocan en Samarkanda.

Vi tu silueta de pie al lado de la puerta
y pareció solo ayer en Samarkanda.

Forastero, dije, más a mí mismo que a ti,
¿por qué buscarla hoy en Samarkanda?

¿Es porque su jazmín perfuma el aire
decidiendo demorarse en Samarkanda?

Amigo, me dijo (¿o me lo dije a mí mismo?)
ella me ha seducido en Samarkanda.

Me quitó el alma y por eso busco su vida,
dime dónde ella podría quedarse en Samarkanda.

Mirando hacía abajo, busqué a mi cuchillo,
escuché relinchar un caballo en Samarkanda.

Mesas volcadas, jarras de cerveza derramadas,
un caballo al trote alejándose de Samarkanda

y dos figuras diminutas a caballo,
una podría ser yo mismo, aquel día, en Samarkanda.

LANG LEAV Y EL TIEMPO

Lang Leav mira por la ventana
y ve las hojas esparcirse.
El tic tac del reloj le dice que
un caballo acaba de pasar.
Pero lo único que sabe de ello
es el viento a su paso, que
sus oídos cabalgan durante un rato,
y luego se sienta en la ventana
para escribir un poema sobre el tiempo.
Uno podría ver sus palabras
pero no escuchar lo que dicen,
salvo estas—<<Cuánto más se va
más se pierde.>>
¿Quién, entonces, se acordará de la tarde?
¿Quién se acordará de lo que se ha ido
y no volverá, y el sueño
que sí lo hará, pero nunca se recibe?
Lang Leav vuelve a la ventana
para esperar al viento, y las hojas saben
que no están solas.

LOUIS ARMSTRONG EN GIZA

Esa vez que tocó la trompeta para Lucille
en Giza, con la Esfinge detrás,
tenía trece años, y era ciego—
o no, más bien sordo— al jazz, a cómo había pactado
con la música que le permitiera sentirse más libre,
y, inspirado por ello, pudiera ser llevado a encontrar
las respuestas, aunque la Esfinge
las refutara, a la vida y todo ese jazz, la rueda del Tiempo...

¿Fue Stardust lo que tocó ese atardecer tan lindo?
Nosotros siendo polvo de estrellas, me parece perfecto,
adelantándose cuestiones con respecto a los orígenes.
¿Fue esto, junto con lo que respondió cuando le
                  preguntaron sobre el swing—
«Si tienes que preguntar, nunca lo sabrás»—
lo que hizo que la Esfinge cruel mantuviera
            un silencio rocoso?

ORTIGA MALVA

La ortiga malva, que sería suficiente
para hacerme desear estar ahora en Escocia
en lugar de mirando una instantánea,
allí durante el tiempo que permitiera la luz
para observar colina tras colina malva, y de algún modo
encontrar lo que me espera esté donde esté,
la belleza que busco tanto como ella me busca a mí.

A VECES ESCUCHO AL VIENTO PIAR

Una vez escribió Ludwig Feuerbach
que el hombre es lo que come,
lo que quizás se aplica a mí:
un comepeces que valora la libertad
e intenta vivir sin estrés.
¿Cómo se dice, siguiendo la corriente?
Pero, ¿qué pasa con los gorriones
que alguien regaló a nuestra nieta,
de tres años, que no permitía que su jaula
se apartara de su lado, y cuando la convencieron
para colgarla en el jardín,
al lado de la orquídea rosa,
insistió para que cada mañana la llevaran y alzaran
hasta la jaula para darles mijo y agua,
y saltaban como juguetes de cuerda
los pájaros, su piar como el chillido de carritos.
Esto fue antes de empezar el colegio
y pasar los días con sus compañeros
sin los frenos de padres nerviosos,
olvidando por completo a los pájaros,
como hicieron, no menos distraídos, sus familiares.
Y cuando revisamos los pájaros
no había ni rastro de ellos.

No los habían alimentado durante semanas.
La jaula estaba abierta, pero incluso cerrada
los pájaros habrían escapado, sin morir.
Como dijo Feuerbach, se habían convertido
en lo que comían, no en mijo,
que todos olvidaron darles,
sino en viento, igual que la orquídea que se nutre de aire.
Los pájaros se habían alimentado del viento
y en viento se transformaron.

EL ÁNGEL DE DRESDEN

Desde una torre del ayuntamiento, observa Dresden
con ojos de piedra, una ciudad destrozada
por más de mil bombardeos desplegados
por los Aliados, que lleva desde entonces la carga
de lo que la historia nunca pudo perdonar,
y que nos ha mantenido a todos paranoicos
y con la resolución de evitarlo para siempre,
aunque sigue ocurriendo, y nos pilla desprevenidos.

Dicen que la estatua no es un ángel—
August Schreitmüller nombró su obra Die Gute,
—Lo Bueno—, que nos hace girar incrédulos,
la ironía es demasiada, la elección del ángulo
para la instantánea no muestra ninguna ciudad,
                    sino una alcantarilla,
y un ángel convirtiéndose en piedra por el dolor.

EL DILUVIO EN EL TIEMPO DE LA CÁMARA

Las fotografías nos transportan al diluvio
y así, salvo por la Física, estamos allí,
Agarrados a lo que está liberado por el diluvio,
tablas, camas, o animales naufragados por el diluvio
pero aún sirven para apoyar a la vida,
lo que queda de ella perdonado por el diluvio
para brotar y florecer—hasta la próxima inundación,
que podría llegar sin noticia de lluvia,
incluso mientras nos preguntamos, dudando si lloverá
porque nos enfrentamos a un día largo con una inundación
de sudor, y esperamos, mientas miramos la hora,
que llegue el frescor.

Las fotografías se conforman con congelar el tiempo,
pero ¿cómo puede cualquier cosa fijar el diluvio
y mantenerlo para siempre fuera del tiempo
salvo como recordatorio para ganar tiempo?
Sin embargo, el recuerdo se descarta como si
        simplemente estuviera allí,
en algún lugar, un objeto perdido, extraviado por el tiempo,
que carece de razones cada vez
que la mente desafía la fragilidad de la vida.
Y aún así el amor permanece delante tan grande como la vida
y con toda la paciencia espera a que caiga la cortina
mientras callamos todos al caer la primera gota,
y observamos al perro sacudirse la lluvia.

Las fotografías son borrosas como la lluvia,
como llegan a ser las fotografías cuando están
            dejadas por el tiempo,
cuya labor resulta ser tender bajo la lluvia
lo que sea salvado y olvidado—la lluvia
es suave sin memoria del diluvio,
un vocablo para el olvido de la lluvia,
la medida de la crueldad de la lluvia,
que barre todo lo que está delante
incluso a los que lloran por lo que estuvo allí.
Pero ¿no comenzó todo con nosotros, la lluvia?
¿Olvidamos hacer una pausa para dar a la vida
un pensamiento, deseando avanzar con nuestras vidas?

Las fotografías muestran una especie de naturaleza muerta
donde las jarras están volcadas por la lluvia,
sus flores abandonadas, vaciadas de vida,
pero no lo indestructible, la vida
que mueve la mano del artista, que desafía el tiempo
y recompone los fragmentos y los insufla de vida,
una vida perdurable llena de luz, alimentada
            de risa, liberada de amor,
una especie de diluvio más jubiloso y lleno de alegrías,
que fluye a contracorriente a los otros tipos de diluvios,
y afrontan su tipo de muerte con su propia vida,
que resulta estar allí y a la vez no estar,
porque vemos solo lo que está allí.

Las fotografías nos observan y aún así no hay
nadie, lo que ocurre a menudo en la vida.
Nos persiguen incluso si no estamos allí,

como si estuvieran implantados en el cerebro, y no
hay refugio para nosotros de la lluvia
que parece caer incluso si no está lloviendo,
y si cayera aunque no estuviéramos
¿acaso haría alguna diferencia con el tiempo?
Porque el clima se sale con la suya con el tiempo
y mueve sus nubes oscuras de aquí para allá,
no en la eternidad, no, donde el diluvio
llega con la lluvia que la luz ha rescatado del diluvio.

No habrá fotografías de un diluvio
por el verano infinito del amor, no
habrá fronteras en absoluto para la vida
porque en ella cae una lluvia suave y fértil
con Dios para el clima, constancia para el tiempo.

LA METAFÍSICA DE LA SOMBRA

Si me puedes mostrar una sola cosa,
solo una, sin hacer
un favor al mundo, y ovillarla
en su pequeño doble oscuro

quizás nos hará saber
la esencia de toda sombra,
que simplemente flota como una semilla,
santa planta rodadora, soplada y bendecida.

Claramente vive por su astucia,
va y viene en minutos,
casi como un dolor menor,
como lluvia que puede medio ocurrir.

Y en cuanto a, bueno, tú y yo,
que tenemos sombras que no pueden
bloquear nada, lo que hay allí
es para compartirlo en el buen tiempo.

A LA MUJER CON QUIEN ME CASÉ

(en nuestro 42º aniversario)

Piensa en nosotros, de viaje durante cuarenta y dos años,
viajando con la fe como nuestra guía y nosotros mismos,
y estamos aquí, el viaje contigo era mi verdadero hogar.

No he visto ninguna belleza tan pura como la tuya,
nacida de mañanas añoradas y bañadas por lluvias nocturnas,
y tu voz, aún llena de anticipación como la primera vez.

Nada ha cambiado porque, mientras el
                     mundo no se ha movido,
nada importaba salvo la promesa de tu tacto,
ni viento ni plantas rodantes pudieron superar tu
                     manera de pronunciar mi nombre.

¿Años? A quién le importan, no nos molestan,
caravanas han pasado por las puertas de nuestro amor,
camino a la eternidad, comenzando en un día tal como hoy.

POR QUÉ KEANU REEVES ESTÁ SOLO.
Y POR QUÉ EL MUNDO SIGUE ASÍ

De la tristeza Keanu Reeves es todo un maestro.
Sin palabras puede hacer de estar solo un estado por defecto
y nada raro, que lo hace más raro—hace
   del duelo una alegría.

En un banco, con los ojos alicaídos, se sienta
   a solas con un bocadillo.
La foto presenta a alguien sin nadie y sin techo.
¿Photoshopeado? Con el tiempo todo cambia, mientras
   pasan los días, paulatinamente.

Y por supuesto uno descubre otro mundo en
   un banco en el parque,
que uno comparte con las palomas, y las sombras
   que siguen extendiéndose
hacia la noche, los espacios vacíos, el mundo
   presente en la ausencia.

Así son los corazones que pierden la paciencia
   y no esperarán lo no visto
y el amigo siempre llega, si es que llega,
   pasada la hora del cierre,
el correo enviado a la dirección equivocada, reclamado
   por nadie y devuelto al remitente.

EL POETA PASA POR EL CONTROL DE SEGURIDAD DEL AEROPUERTO

¿Esta bolsa? ¿Qué debo hacer con ella?
No hay nada en ella salvo mi ropa.
Tendrás que pasarla por la máquina de rayos X
y tendrás que pasar tú mismo por el escáner.

¿Y mi gorro y mi chaqueta?
Son seguros, no tengo enemigos.
De nuevo, tendrás que seguir el procedimiento
seas inocente o terrorista.

¿Y mis zapatos? No tienen ni un remache de metal
y me cuesta horrores deshacer los nudos.
Quítatelos, y esperemos que estén limpios.
Sabemos que los zapatos pueden esconder una bomba.

¿Y mi cinturón? Hay un límite, seguro,
no querrán que se me caigan los pantalones.
Sigue el procedimiento sin montar escándalos.
Sostén el pantalón con un dedo en la presilla. ¿Algo más?

Solo este libro de poemas, maldita sea,
aparte de eso no tengo nada que declarar.
¿Un libro de poemas? Tendrás que permanecer
              en cuarentena,
los poemas contienen códigos que tendremos que descifrar.

CÓMO LAS AVES DESCUBRIERON LA ARQUITECTURA Y EL ARTE DE LA MATERNIDAD

El capuchino punteado construye
su nido de hierba en un globo.
Para estar seguro, el martinete canela
construye el suyo entre árboles altos,
pero la boba marrón coloca el suyo en las rocas.
El gerygone esconde su nido
detrás de abundante vegetación colgante,
la entrada guardada por una especie de porche,
lo de fuera cubierto con telarañas finas,
lo de dentro con espiguillas de cogón.
El estornino bronceado construye su nido
en un árbol gigante o un tocón o en la grieta
de una roca o pared, la oropéndola china
cuelga el suyo de la punta de una rama,
o como una hamaca entre dos ramitas.
El oruguero hombroamarillo prefiere una copa
acunada donde bifurca un árbol, con líquenes
y telarañas cubriendo el exterior.
El anteojito japonés coloca su nido
de manera parecida, mientras el miná coleto habita
el hueco de un árbol o encima del tronco de un coco.
El nido del suimanga filipino cuelga
como una bolsa mientras el de la salangana chica,
de saliva endurecida, se pega a la pared de una cueva.

Por su parte, el cálao filipino grande, que vive
en agujeros de árboles, encierra a la hembra dentro del nido
hasta que los pollitos están listos para emanciparse.

ES INVIERNO EN CHINA Y NUESTRA NIETA ESTÁ EN LA GRAN MURALLA

Allí está en la Gran Muralla, bien abrigada para el invierno,
enormes orejeras como dos peluches guardando
       el calor en sus mejillas rosas,
y hacia ellos soplo esta pluma, un beso matinal desde lejos.

Porque ella está a dos mil millas a vuelo de
       pájaro de donde estoy,
y la muralla es un promedio de siete veces esa distancia—
Ella es especial, mis pensamientos la persiguen
       siete veces siete.

La foto la muestra dónde una vez guerreros
       Ming escudriñaron los cielos
en busca del polvo de los jinetes manchúes que se
       acercaban desde las vastas llanuras
pero yo solo veo cabalgadura de nubes sin
       forma que traen nieve.

Detrás de ella, la muralla se extiende al infinito,
       y debe de pasar por
La Puerta de Jade, por la cual entraron las caravanas
       desde la Ruta de la Seda
(las veo, la imaginación ha convertido sus ojos en los míos).

La misma puerta desde la cual los Han persiguieron
           a los Mongoles por el Gobi
de leyenda, de leopardos de nieve y dunas cantoras,
sobre las cuales esta niña de dos años me
           escuchará a su debido tiempo.

Recuerdo un viejo dicho chino, "Si no has estado
en la Gran Muralla, no eres un gran hombre"—
           me ganaste, pequeña Francine,
pero vuelve a una muralla más grande, más
           cálida— mi abrazo.

JULIA Y LA JIRAFA

La pequeña Julia casi lloraba.
No quería que su papá
la cogiera en brazos y la alzara
hacia la jirafa estancada,
pero no había otra manera,
pensó él, mientras la subía.
Hace poco, observaban al leopardo
que no la miraba por mucho que
ella apretase la cara contra el muro
de cristal, provocando que la pequeña Julia
buscara a su papá con una cara triste.
Antes de eso, pasaron por un prado
en un coche safari, pasaron
al lado de cebras, antílopes, gacelas.
Julia quiso unirse a ellos
pero el coche no paraba; además,
no estaba permitido bajarse del vehículo.
Se saltaron los cocodrilos y fueron
directos a las jirafas, que eran más amables.
En el camino, el papá colocó a Julia
encima de un caballo enano que, aunque diera botes
para que corriera, no se inmutaba.
Y allí estaban, de pie delante de
las dos jirafas, que estaban detrás de una cerca.
Pero aún podrían sostener sus cuellos por encima

de la cerca para recibir comida de la multitud
con trozos de manzanas pinchados en palos,
que se vendían por 50 pesos cada uno.
Julia se abrazó a la pierna de su papá,
su manera de pedir un palo,
que recibió, y de inmediato
la niña de dos años lo levantó,
poniéndose de puntillas lo máximo que pudo,
pero la verdad es que era demasiado bajita.
La jirafa no podía alcanzar la manzana
con su lengua ya sobreextendida,
aunque pudiera tocar la fruta con la punta
no podía curvarla a su alrededor
para subirla hacia la boca.
Entendí la frustración de la niña
además de lo que hizo su padre.
Con el tiempo Julia crecería pero
el hambre de la jirafa no podría esperar tanto.

MALUBOG

Esa madrugada, después de escuchar los disparos
y encontrar cinco hombres tirados en el césped,
los aldeanos construyeron un crucifijo de ramas
para marcar el lugar donde cayeron.
Había una zapatilla por allí—la zapatilla
de uno de los muertos—y la colgaron del crucifijo.

Al amanecer, de algún lugar, llegó una urraca
y se posó en uno de los brazos del crucifijo,
pero al instante se fue volando al ver la zapatilla
sangrienta,
un pájaro raro colgado de un crucifijo.
¿Le tendría miedo? Quizás.
La muerte es el único pájaro que teme una urraca,
especialmente la suya.

EL ÁNGEL DE LA HISTORIA

He aquí la tumba de un soldado desconocido.
Encima de ella hay un ángel de piedra,
esperando, igual que el perro Hachiko, a
su amo perdido hace mucho, camarada y compañero.
Quizás en ninguna guerra se pelean solo los humanos
y este es el ángel de la historia,
una advertencia de que todas las guerras son de otro mundo.

BALADA SUPLICANDO CÁRCEL

Se parecían al resto de los presos habituales,
uno bajito, el otro alto,
hombres destinados a una vida tras las rejas,
los hijos de la caída
que la sociedad había llevado ante la justicia
por un robo o un asesinato.

Entraron a la Corte en fila,
esposados uno al otro,
pero los dos consiguieron agarrarse
de las manos
y estar uno al alcance del otro.
Nosotros que estamos libres podemos
aprender de lo que nos enseñan,

que donde las manos se unen por amistad o afecto
las esposas no encadenan nada,
y en sus muñecas cada grillete de hierro
podría ser una alianza,
porque parecían estar sentados ante el tribunal
esperando no una sentencia, sino una boda.

Que los dos hombres sean pareja
el juez lo atribuyó al corazón.
¿Quizás la ausencia de mujeres en la cárcel?

¿Una compensación por la parte perdida?
—se preguntó mientras escuchaba
a la defensa del más alto
derrumbarse.

No tuvo más remedio el juez sino sentenciar
que fuera a la cárcel
para que comenzara a cumplir su condena,
pero de inmediato se puso de pie
el más bajito para declararse culpable
y pedir ser condenado ya.

¿Cómo podría el juez acceder
a su petición cuando era inocente
y estaba previsto absolverle,
la evidencia en su contra era insuficiente
y el juez había jurado administrar la justicia
de la que él era el instrumento?

Yo era el juez, pero guardo
secreta mi sentencia—
Si buscaba impartir justicia
o subvertirla,
si encarcelar al uno con el otro
o liberarlo solo.

EL BUFÓN MANDA MENSAJES
ANTES DEL ESPECTÁCULO

¿A quién manda SMS? Es casi la hora de su entrada
y aún tiene preparativos que hacer y no se admite
ningún retraso, pero míralo, mensajeando
   a quién sabe quién,

mientras la banda sigue tocando para animar al público,
los animales rondan en sus jaulas, los niños están inquietos,
y hay silbidos para que comience el show.

Pero el bufón sigue sentado allí, a solas,
con su maquillaje y su peluca y sus zapatos enormes,
mandando con su móvil el chiste final, que podrían
   ser sus últimas palabras.

LA SOLEDAD DEL VIAJERO EN AUTOBÚS

Estaban ocupados todos los asientos
cuando subió al autobús.
Era el día en que los mayores
recibían su ayuda trimestral
y viajaban todos en grupo al centro.
Así que se mantuvo de pie en el pasillo
al lado de una madre joven,
un brazo acurrucando un niño,
el otro levantado para agarrarse
a un aro que colgaba de la barra.
Él también se agarró a otro.
No le sorprendía
que ninguno de los mayores
con piernas fuertes aún
ofreciera su asiento a la mujer.
¿Exime la edad de la amabilidad?
Bueno, ella parecía tener fuerza
para mantenerse de pie. El autobús
giró en una curva y el bebé comenzó a llorar.
Es hora de amamantarle, dijo la madre,
con un tono de impotencia
al no poder soltarse sin perder el equilibrio.

Él se ofreció sujetar al bebé
en su brazo libre, pero
este le dio la espalda y lloró todavía más.
Había en los ojos de la madre
una mirada de súplica y rendición.
Era un buen hombre y nunca antes había
tocado a una mujer, y ahora tuvo que hacer
lo que pensó era lo mejor para el bebé
y para su alma.

EL MUNDO SEGÚN FRANCINE,
DE DOS AÑOS DE EDAD

Nada le emocionaba más que
mi silbido, que intentaba imitar,
sus labios fruncidos como capullo de rosa,
pero no salía nada parecido a una melodía
así que, cuando nos veíamos, ella
me pedía que silbara,
y se reía y aplaudía.

Tenemos cada uno nuestras distracciones.
El momento en que nos dimos la espalda
ella tocó el dispensador de agua,
y manó un chorro de agua hirviendo en su mano
que desató en ella el llanto
y en nosotros el pánico
buscando aliviar su dolor y sus lágrimas.

Mojamos su dedo en agua helada
y untamos con crema la quemadura.
Cuando todo falló
me pidió que soplara en su dedo enrojecido,
y lo hice, pero a través de un silbido,
que la confundió, porque ella no veía
sentido alguno entre el silbido y el dolor.
Terminó llorando y riéndose.

EL MUNDO ES SU AUSENCIA

Como veis, este gorro ensangrentando
       prospera en la ausencia,
y requiere una mente que prospera en la ausencia.

Por eso no hay nadie más que se lo ponga.
¿Lo llevaría una rata? Una rata prospera en la ausencia.

Como es el destino de los gorros, este tiene un agujero,
donde lo que llega allí prospera en la ausencia.

Su dueño es anónimo.
Le encontraron donde una planicie de barro
       prospera en la ausencia.

Unos dicen que hubo una reyerta, otros que no.
¿Quién sabe? Porque el combate prospera en la ausencia.

Unos dicen que escucharon un disparo, pero
       no están seguros—
un sonido como rat-a-tat prospera en la ausencia.

Sus informes difieren en los porqués.
Si acaso, el tal para cual prospera en la ausencia.

Simeon, lo real es lo imaginado—un mundo
sin sentido ni formato que prospera en la ausencia.

¿QUÉ TIENEN LAS LLAMAS PARA PODER MIRAR?

¿Qué tienen las llamas para poder mirar?
Como ojos que entre cortinas miran,
queman las almas, estas solo suspiran.
La cortina que en la rodilla siento golpear
es mi alma, anhelando el incendio en que la mar
se convierte en atardecer, fuego sin lamento
ni cenizas, su alegría se extiende con el alzamiento,
sobre el muelle en la costa, del astro lunar.

¿Qué tienen los ojos que los hacen arder?
Las rosas altas y rojas brillando en el jarrón
contra el fondo de la ondulante tela marrón,
y el corazón que las arreglaba allí, puede encender
mi mirada y provocar sus llamas hasta convertir
el mar gris de mediodía en uno de atardecer en pleno fulgir.

¿QUÉ PARTE NO RECUERDAS DE SEPTIEMBRE?

¿Qué parte no recuerdas de septiembre?
¿La parte inexistente porque su causa
nunca llegó, o la que no tiene pausa,
que siempre lucha hacia un para siempre?

Sin calendario, puede que el muro despojado
no nos cuente mucho de lo que solía ser
antes de que la pintura empezara a ceder,
antes de los amantes, juntos o separados.

Demasiados para recordar, demasiados amores
correspondidos o no, cómo seguir con la vida
con tanto cambio de tiempo, sin ver una salida.
Es inútil hablar de *Y síes* cegadores
y qué septiembre es culpable de qué heridas.
Pero sin pensar en nada, nada se olvida.

ABRIL

La luz atravesando la reja
me dice que es abril.
Oh, abril, me haces decir
vaguedades y cosas fáciles.

¿Cómo? Como la verdad, el deseo,
el desorden en tu vestidor,
las lluvias nocturnas que nos hacen
perder de vista el enrejado alto.

La cortina cede al mes
que queda cerca del jacinto,
y yo en vez de adivinar

diré que sí a la ternura.

GHAZAL

Pensar en ella estando con la caravana
y desapareciendo con la caravana.

Brotan y caen las hojas, cambiando ánimos y estaciones
encomendándonos a vivir con la caravana.

Eso sabe él, montando su caballo por el desierto,
la tormenta de viento apresurándose con la caravana,

que después de esperarle allí despreocupadamente
ella se estaría marchando con la caravana.

Amigo, ella estaba llorando—pensaba que sabías
que ella estaba llegando con la caravana.

REGLAS PARA MARCHARSE

No hablaré de las hojas cayéndose de los árboles,
que presuponen reglas que suceden en el mundo cruel,
llevando parábolas escritas por las estaciones en sus rostros.

Pero hay un aliento que guía a los gansos salvajes
hacia el norte mientras duermo sin noticia de sus alas,
después de limpiarme del ruido que estropea
                la belleza de tu voz.

Y hoy quiero solo una palabra tuya, Señor,
que me fortalezca como guía y hoja de ruta,
confrontado con esto, el misterio del
                crecimiento y derrumbe de
todas las cosas.

SRI LANKA

¿Cómo explicar las manchas rojas en una estatua
de Cristo resucitado en una iglesia en Sri Lanka?
No son de pintura, son
de sangre de verdad—¿basta con
decir que la sangre es de las víctimas
de una bomba en la mañana de Pascua,
que hacia el final de la Misa Sagrada
alguien detonó los explosivos
en su mochila, demoliendo casi todo?
¿Basta con inventariar
los bancos de iglesia, ventanas y bóvedas hechos añicos,
los feligreses descuartizados,
entre ellos niños, sus miembros
arrojados contra las paredes?
Tejas rotas, fragmentos
de vidrio y pedazos de carne
esparcidos por la pared carecen de sentido,
igual que una estatua de la Virgen María
cortada limpiamente, la mitad de su rosario
colgando de la mitad de su cuerpo.
Por lo menos la del Cristo resucitado
se salvó, aunque manchado de sangre.
Me temo que no sabrás
el porqué, y en consecuencia sentirás asombro
por la aparición de sangre de verdad
en el rostro y cuerpo de Jesucristo,
y gritarás, "¡Mira, un milagro!"

EN EL METRO DE SEÚL

Observé a la gente corriendo escaleras abajo.
Deben de haberme atisbado
de pie en la cima de la escalera, y se preguntaron
si esperaba a alguien o solo descansaba.
De hecho, estaba leyendo un cartel en la pared
que ponía, "Plano de estación y Ruta de
                    evacuación de emergencias."
No lejos de ello vi una vitrina,
con la etiqueta, "Almacén de productos de auxilio."
Siendo mi primera vez en Corea del Sur
sentí trepidación, sabiendo que Pyongyang
estaba solo a unas horas de Seúl
y la Zona Desmilitarizada a menos de una.
Mi temor comenzó cuando entré en la estación de tren
y vi, en la entrada, la señal "Refugio"
(¿refugio de qué?) y aumentó con la gente
brincando escaleras abajo sin mirar
a un puesto al lado que vendía pasteles de arroz
que planeaba probar pronto.
Las escaleras son la manera en que la vida, con cariño,
nos coloca peldaño a peldaño,
pero la gente las saltaba,
corriendo como hojas delante de un soplo del Mar del Este.
No parecía que Corea del Norte estuviera disparando
de nuevo sus misiles y la gente fuera evacuada.

Si así era, no sentí ganas de unirme a ellos,
después de comer un buen bulgogi
y con mi viaje programado en una hora para ver
los colores otoñales en la Isla de Nami.
Además, aunque hay necesidad de abandonar de algún modo
este mundo loco (y no me refiero a morir),
hay que hacerlo ligeramente, peldaño a peldaño,
quizás con un pastel de arroz.

OTOÑO EN LAS FILIPINAS

(Cinquain)

Hoy han
caído más
hojas en mis versos
que de los árboles en el
jardín.

¿ESCUCHÉ WUHAN EN LUGAR DE WOMAN?

Me temo que he respirado un virus.
Una mujer tosió en el mismo iris
que yo olisqueé, que aprendí para mi mortificación
demasiado tarde—lo que pasa es que había comprado
la flor y la llevé a casa en dos pequeños floreros,
sabiendo que uno podría estar en peligro mortal
por la belleza y una desconocida.

CÓMO ME ENGAÑO

(Mirando a través de las ilusiones por las que vivo)

Demasiado a menudo, sentado en el balcón,
sueño con las máscaras que llevan las ramas,
los nidos que los pájaros han forjado de hojas,
escondiendo una vida que reserva su apariencia
para la hora estimulante del vuelo,
hasta la cual el movimiento es una ilusión
y los momentos son instantáneas que la mente colecciona
para práctica de tiro con los dardos de la memoria,
buscando la diana que las posibilidades ha perdido,
acercándose una tras otra
como las olas de un mar, cuyo silbido y silencio
me llevan a caer en el falso desvelo
del sueño.

EN UN CENTRO COMERCIAL,
OBSERVANDO UNA FILA DE PERSONAS

Haciendo cola, la gente espera su autobús.
Detrás de ellos, las luces de un árbol de navidad destellan
mientras un chico recorre la fila arriba y
        abajo—ya es de noche.

Pronto llega el autobús y comienza a llenarse,
y la cola avanza hacia delante y luego se pierde de vista.
La madre llama a su hijo para quedarse a su
        lado mientras se marchan.

Nada más ha ocurrido esta tarde, gracias a Dios,
y rezo para que, en otros lugares, haya filas,
y no pies huyendo, con el zapato roto de un niño
        abandonado en la cuneta.

MARTÍN PESCADOR

El martín pescador no sabe
que hay una guerra.
Se posa en una rama
no lejos de la orilla.
¿En qué piensa
mientras espera al pez
que su pico puede atrapar
con un silbido?

Es lo único que escucha.
(Su cabeza grande y moteada
tiene una raya color melocotón
que la vida incrustó
debajo de los oídos.)
Nada más importa
porque para él el mundo
no es más que agua.

La guerra es por supuesto
como una piedra que cae en un lago
cuyas ondulaciones expanden
y llevan en su estela
la muerte y el odio
y cielos enrojecidos.
El martín pescador observa esto
y vuela.

NOTICIAS DEL MUNDO

El radiodespertador se encendió,
y salieron las noticias matinales.
Como siempre, los acontecimientos bastaban
para despertarlo a uno con un sobresalto.
Una mujer informaba sobre disturbios
en las calles de Mong Kok en Hong Kong.
Podía oír el canto de gallo al fondo.
Ella debió permanecer cerca de un restaurante
que ofrecía pollo Wind Sand
y mantenía las aves vivas en una jaula.
Se escuchó el quiquiriquí de manera regular
entre los gritos y el ruido
de los disparos de los cañones de agua.
Siempre, me dije,
cometemos nuestras maldades ante
los inocentes e indefensos—perros
sacados de paseo, gatos
rozándose contra una silla,
los niños y sí, gallos,
de los cuales nuestro pueblo tiene unos cuantos.
Después vino la noticia de un ataque con cuchillo
en el Puente de Londres —el periodista
estaba allí mismo y pude oír
los gritos y el llanto de una sirena
y, lo que me hizo arquear las cejas,
el claro quiriquiriquí de un gallo.

El loco Londres no es tan loco
como para dejar gallinas sueltas en las calles,
así que, como esperaba, cuando apagué
la radio, el canto de gallo seguía.
Desde el balcón vi frente al amanecer
al gallo de nuestro vecino posado
y cantando repetidamente, como si
informara de las noticias sobre
otro mundo.

TARDE AGRADABLE

Lo vi cerca de una casa, clásica y alta.
Ella no sabía que él la observaba,
persiguiéndola cada tarde sin falta,
y que esperaba un cambio del tiempo,
esperaba lluvia para darle una razón para entrar,
pero solo hubo una suave brisa
y una hoja que cayó en la repisa.

SOBRE UNA FOTOGRAFÍA DE NIÑOS JUGANDO CON UN VOLCÁN EN ERUPCIÓN, AL FONDO

Un día soleado, por la orilla corren chicos y chicas.
Se ríen cuando cada paso suyo salpica
pero juegan bajo una sombra, aunque lejana—
nubes de ceniza de un volcán oscurecen la mañana.
Pero están a salvo, la mano de Dios es la distancia
entre la inminente oscuridad y la luz.

EL MAESTRO DE CEREMONIAS PRESENTA A LOUIS ARMSTRONG TOCANDO "WEST END BLUES"

Qué puede decir un hombre
cuando el cielo se torna rojo,
cuando parpadea
pero no acude nadie—
Una tarde difícil.

Podría buscar después
en la playa a un amigo
con quien compartir un trago—
pero no hay ni un alma,
solo un globo suelto.

Ah, pero así es la vida—
el pavor del atardecer,
una serie de pérdidas,
patios vacíos...

Louis, toca el blues.

SOLSTICIO DE INVIERNO

Pero aguanta y agárrame y permanece a mi lado.
Mucho de lo que ocurre de verdad transcurre
                        demasiado pronto,
y antes de darnos cuenta la noche eterna está
                        lista para liberarnos.

No es que consideremos estar bajo el velo de la noche
como algo terrible, cancelando lo que podría encubrir,
que no es más que un deseo, la expectativa
                        del nacimiento de la luz,

que busco y encuentro en el fondo de tus ojos,
donde apenas se conoce el solsticio de invierno,
donde llega tu mañana con el sol para clamar
                        el país que llevo dentro.

PALABRAS Y MÚSICA

(Para Renato R. Madrid)

¿Cómo nombrarte, músico o escritor?
Porque compones tan bien como escribes,
y te envidio, cómo tus frases fluyen
con la mezcla perfecta de premura y detención
señal de la buena escritura, lo que a veces se llama tensión.
No escribirás como Dostoyevsky, pero lo rozas.
Klee saca al verso de paseo, tú la prosa,
a lo que no presto menos que mi plena atención.

Tu música es otra cosa, parece crecer
desde muy adentro, un lugar lejos y sagrado,
algo inefable y sin palabras.
Quizás nunca aprenda lo que es,
pareces sacar directamente de tu sacerdocio
las estocadas más dulces de las muchas espadas de la música.

UN POEMA PARA MI MADRE

Mi madre, su retrato cuelga de la pared de nuestra vieja casa,
una reina joven, aún no quinceañera, su
       vestido real un poco suelto,
pero los ojos, los de mi padre, cambiaron su
       vestuario por su sonrisa.

La acompañó después del espectáculo al río, y de allí a casa.
Pero una inundación les impedía el paso, dándole
       oportunidad para su petición.
En respuesta, ella pidió que se casaran sin esperar.

Esta historia nos contó, bebé tras bebé,
cómo una inundación llevó a un joven a estar
       con ella para toda una vida,
y como ella, niña tímida del campo, se sorprendió
       a sí misma con sus palabras—

las mismas palabras que nos cantaba cuando éramos
       pequeños para acunarnos,
y las palabras para consolarnos cuando heridos por
       el amor o cansados de la vida.
El río, nos recordaba, no olvidéis el río.

Una viuda nonagenaria, medio sorda pero
       con todas sus facultades,
está sola, a menudo cansada y rezando, esperándonos,
y quizás, el último instante del amor, el
       momento de cruzar el río.

SER PÉTALO PUEDE SER MORTAL

Podría haber sido al principio del monzón
cuando vi, atrapado en una telaraña, un pétalo de rosa,
del color de la uña de una doncella y tan suave
como las alas de una mariposa, y como ellas,
          aleteando al viento,
pero la araña no tenía tiempo para lo vistoso y permanecía
en el borde, esperando acechar a alguna mosca
o polilla que pudiera vagar por sus redes—y allí
permaneció el pétalo durante los primeros días
del monzón, pegado tan fuerte que sobrevivió una noche
de lluvias fuertes, y ahora se había encorvado,
su color tornando en el marrón de un insecto,
y una mañana ya no estaba, dejándome confuso,
porque nada se movía en la noche sin viento
salvo el desvelo, y las arañas no duermen,
lo que me hizo pensar que, en la oscuridad, después de que
el pétalo asumiera la forma de algún insecto,
la araña por fin movió ficha.

MANTENIÉNDOME UNIDO A PESAR DE LAS PIEZAS PERDIDAS

Un fragmento de una canción olvidada,
versos de un poema perdido en un diario,
un perro callejero que un día se ha quedado
conmigo hasta desaparecer por el barrio
para morir solo (lamento no haberlo honrado
con un nombre al que llamar)...
partes perdidas de mí que no puedo reclamar.

NANA EN TIEMPO DE PANDEMIA

(Para Rimion Nikolai, un mes después de nacer)

El viento busca el zumbido del bambú siempre,
como yo tu ronquido, infante, que busco siempre.

Por favor, deja de escuchar mi canción y duerme,
una canción que tu llanto puede interrumpir siempre.

De nuevo esta parte del mundo se desliza hacia la mañana,
de nuevo el mismo cielo pretende ser nuevo como siempre.

Y quizás los ecos de la sirena de anoche te mantienen
con los ojos abiertos, esperando el toque de queda siempre.

Permanezco y dejo que el viento te arrulle para dormir.
Que la tierra, tu cuna, gire y te meza siempre.

DOMINGO DE RAMOS

Oh pequeña, solo aguanta el ramo
y agítalo cuando él pase
cabalgando en un burro por el camino
aquí empieza nuestra parte

Sé que pronto estarás
inquieta y tirarás de mi mano
deseando volver adentro
y abandonar la ruta planeada

Piensas que es no más que un cuento
de los que suelo contar
como el de la hormiga con ojos amarillos
y una pequeña campana plateada

Pero muy lejos y hace mucho
un hombre sí cabalgó en un burro
y a su entrada la multitud agitó ramos
como ante un rey

Muchos le han olvidado
nadie se pararía a preguntar
si nosotros le damos la espalda
por qué escucharon un burro rebuznar

Y el pobre hombre estaría solo
mientras avanza por el camino
Ya no un rey, solo un tipo
cargado con un gran peso

Yo creo que volverá
y pasará por nuestro pueblo
y qué maravilla si tú y yo
fuéramos los primeros
en ofrecerle tributo

Así que espera conmigo en la puerta,
mi nieta de tres años,
la vida es una espera sin fin
y la mañana ha terminado.

BRILLAR TU LUZ

Claro que sé que Dios es fuente de luz.
Que, cuando Su Hijo se alzó de la muerte, mostró
el poder de Su luz que podría explotar
y romper la crisálida de la noche y la muerte—

luz que es luminosidad,
a pesar de la ausencia, el modo exacto,
espejo de bondad, que de sol ha rebosado
a todas las cosas, sean visibles o no.

Así que, ¿por qué nos sentimos solos y marcamos
las noches con velas? La llama de Dios engendrará
otras llamas si tenemos la nuestra para ayudarlo.

¿Quién sabe si se nos acercará en la oscuridad
(lo vemos como un hombre con un cigarrillo)
y preguntará si tenemos fuego?

EL BESO DE LA MAÑANA Y EL CONSUELO DE LA VIDA

Amarilis, te veo
antes de que alguien llame
mi atención hacia otra cosa,
y me cautiva tu flor,
que parece como labios capturados
y detenidos en el acto de besar.
En la casa de al lado una madre
amamanta a su bebé cuyo arrullo
llega a mis oídos dichosos.
Entre tú y esto
mi mundo se desliza por una cuerda
sin peligro de caerse
mientras una luna diurna lo orbita
del cielo a una poza de marea.

UMBRALES E INICIACIONES

En un campo me encontré con una puerta
           que se sostenía sola.
No había nada al lado ni detrás de ella, salvo la hierba verde
con manchas de flores blancas de jazmín.
No pude decidir si debía cruzar su umbral
porque no había nada donde entrar salvo el campo
que ofrecía nada salvo a sí mismo.
De hecho, no vi ninguna razón en absoluto por
            la que existiera la puerta.
Estaba abierta y no conducía a ningún cercado
sino a algo invisible, inaudito, una incógnita,
un reino sin fronteras gobernado por el silencio.
Aún así, pasé por ella quizás por costumbre
de ser aún un niño que quería entrar en el juego.
Y después de entrar seguí andando.
Parecía que había entrado en otro mundo
y que el umbral se moviera con cada paso mío
como una sombra, y al andar las hojas rodaban delante de mí.
Pensé que eran los zapatos que estaba perdiendo
cuando intenté alcanzarlos y meter los pies dentro.
Era como si hubiera pasado por la puerta el día anterior
y el día después entraría por ella de nuevo
por el umbral de la mañana.

VISTA GRANDE

Desde un sendero en una colina veo el mar.
Los barcos que desaparecen en su nada
tan amplia parecen no moverse, pero su avanzar
se marca por la velocidad del encuentro
de ola y sentimiento. Pronto debo volver dentro.
Dime si podría de verdad soportar esa grandeza.
Tienen el mismo comienzo, el mar y la tristeza.

DE ESTRUCTURAS QUE HABLAN DE ESTACIONES SEMPITERNAS

Ahora que nos han prohibido salir repasamos
una lista mental de todos los no lugares
que nosotros, una pareja vieja, podríamos
visitar, subiendo o bajando escaleras buscando manjares.
Aunque agradecemos estas horas que tenemos,
reconozcamos que no tenemos el mismo rendimiento.
Lo peor de todo confinamiento es el tiempo y su paso lento.

EL CONFINAMIENTO

La habitación sí es pequeña, pero la vista merece la pena.
Acércate a la ventana y juntos miraremos al puerto.
Habita conmigo el ahora hasta que la vida
      vuelva a estar buena.

Con nuestras maletas esta habitación se siente llena.
Espero que estés de acuerdo en que no importa;
la habitación sí es pequeña, pero la vista merece la pena.

¿Has visto cómo los barcos desaparecen de la escena?
No pueden anclar mientras estamos todos en alerta.
Habita conmigo el ahora hasta que la vida
      vuelva a estar buena.

Cada salida será rechazada de manera plena
y eso nos incluye a nosotros también, es cierto.
La habitación sí es pequeña, pero la vista merece la pena.

Fuera la plaga ronda incesantemente por la arena
convirtiendo vida tras vida en muerto.
Habita conmigo el ahora hasta que la vida
      vuelva a estar buena.

Pasan lentos los días, pero intenta estar serena.
Estamos juntos, con la esperanza como nuestro cubierto.
La habitación sí es pequeña, pero la vista merece la pena.
Habita conmigo el ahora hasta que la vida
      vuelva a estar buena.

ÍNDICE